人生には
まるで暗闇を歩くように
感じるときがあります。
そんなときは
そっと目を閉じて
祈りましょう。

きっと
観音さまは
あなたの声に
じっくりと
耳を傾けて

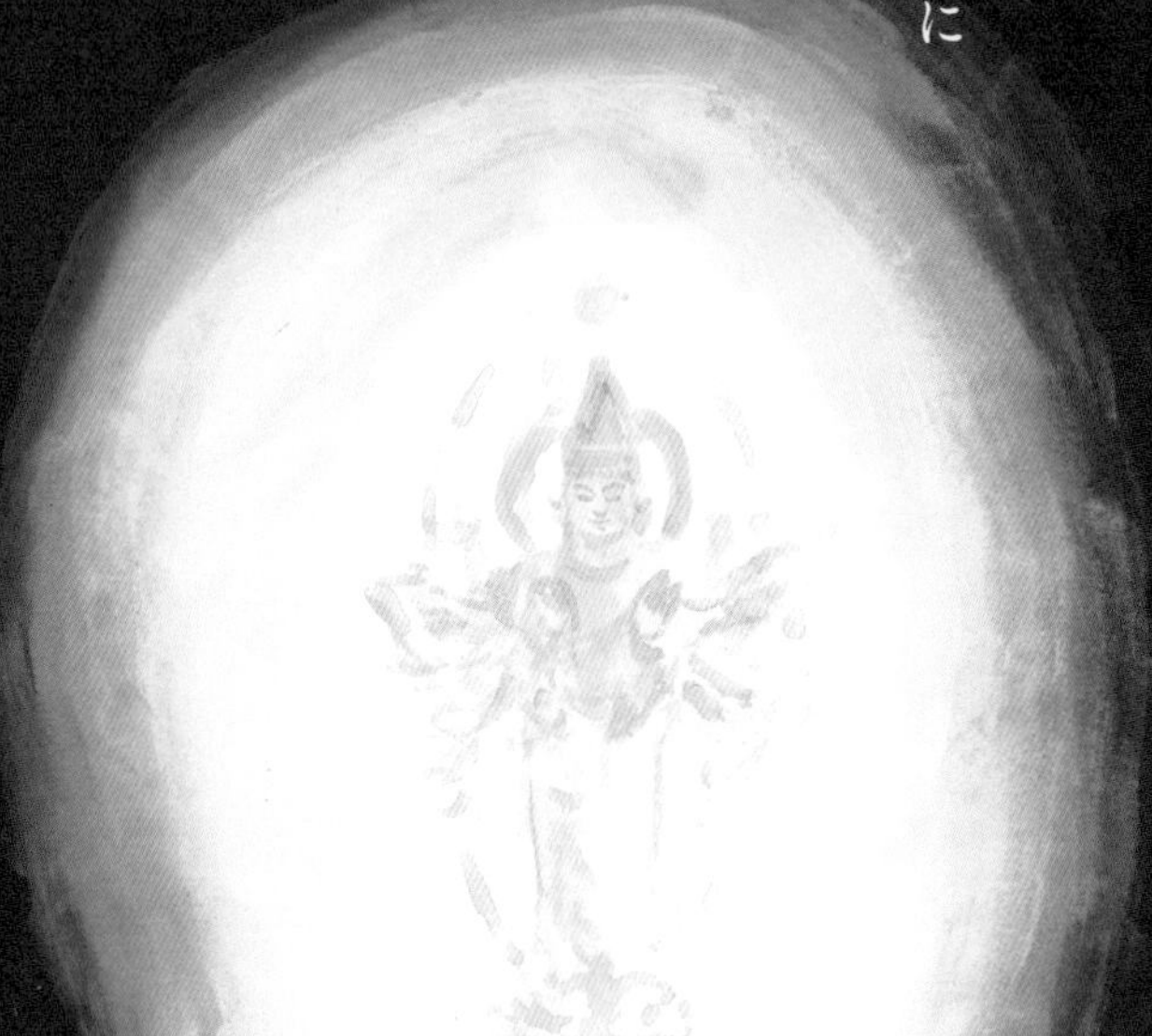

背中をそっと
押してくれるでしょう。

いつも
あなたのことを
観音さまは
見ていてくださいます。

観音さまからあなたへ贈る慈言

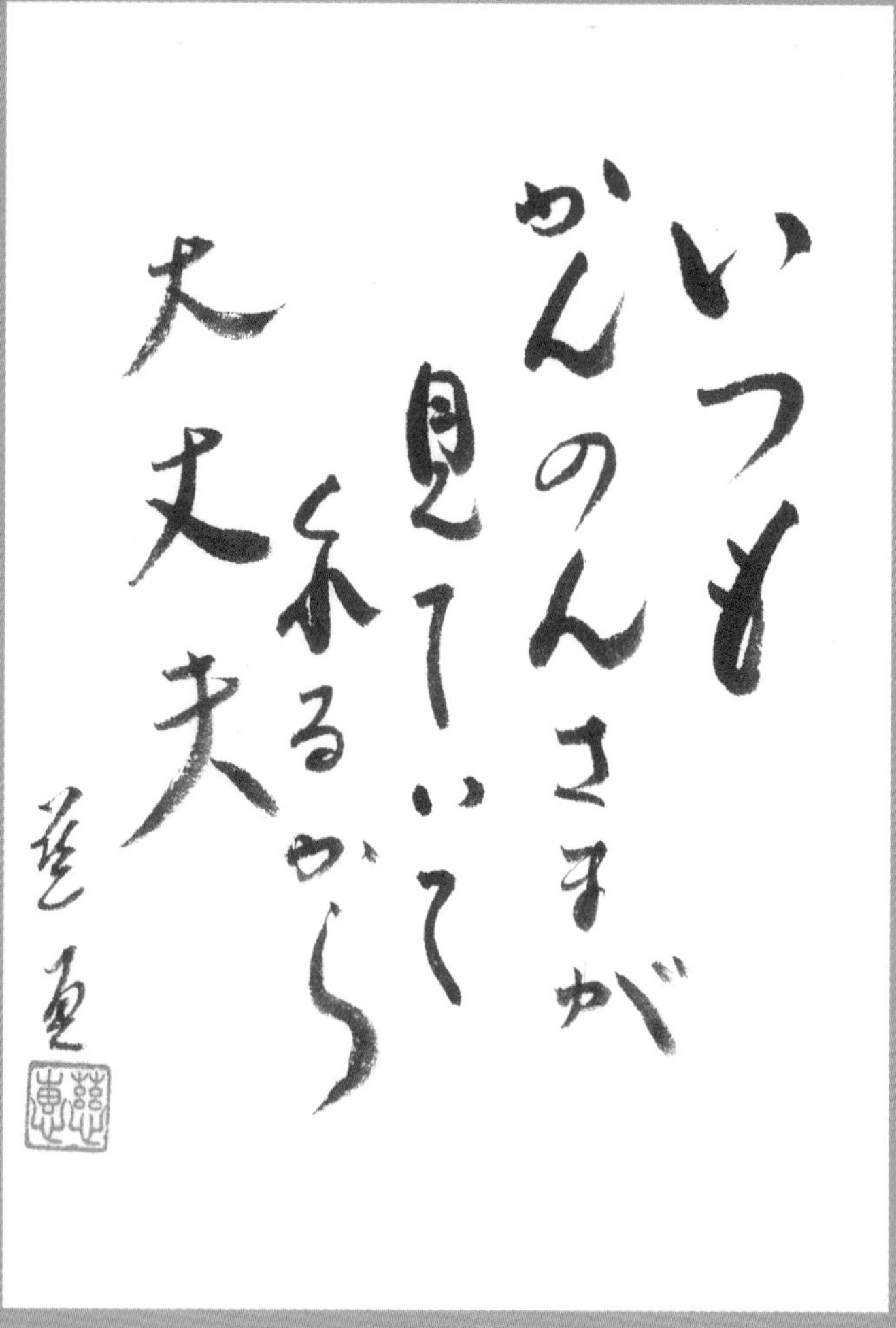
いつも
かんのんさまが
見ていて
くれるから
大丈夫

「慈言《じげん》」とは、観音さまからの慈愛のことば。そのことばには、「前を向いて生きていこう。大丈夫、観音さまが見ていてくださる」そんな勇気と安心を与えられるのです。

過ちもそっと知らせてくださる。慈悲深く、そして大きな存在。（→表紙）

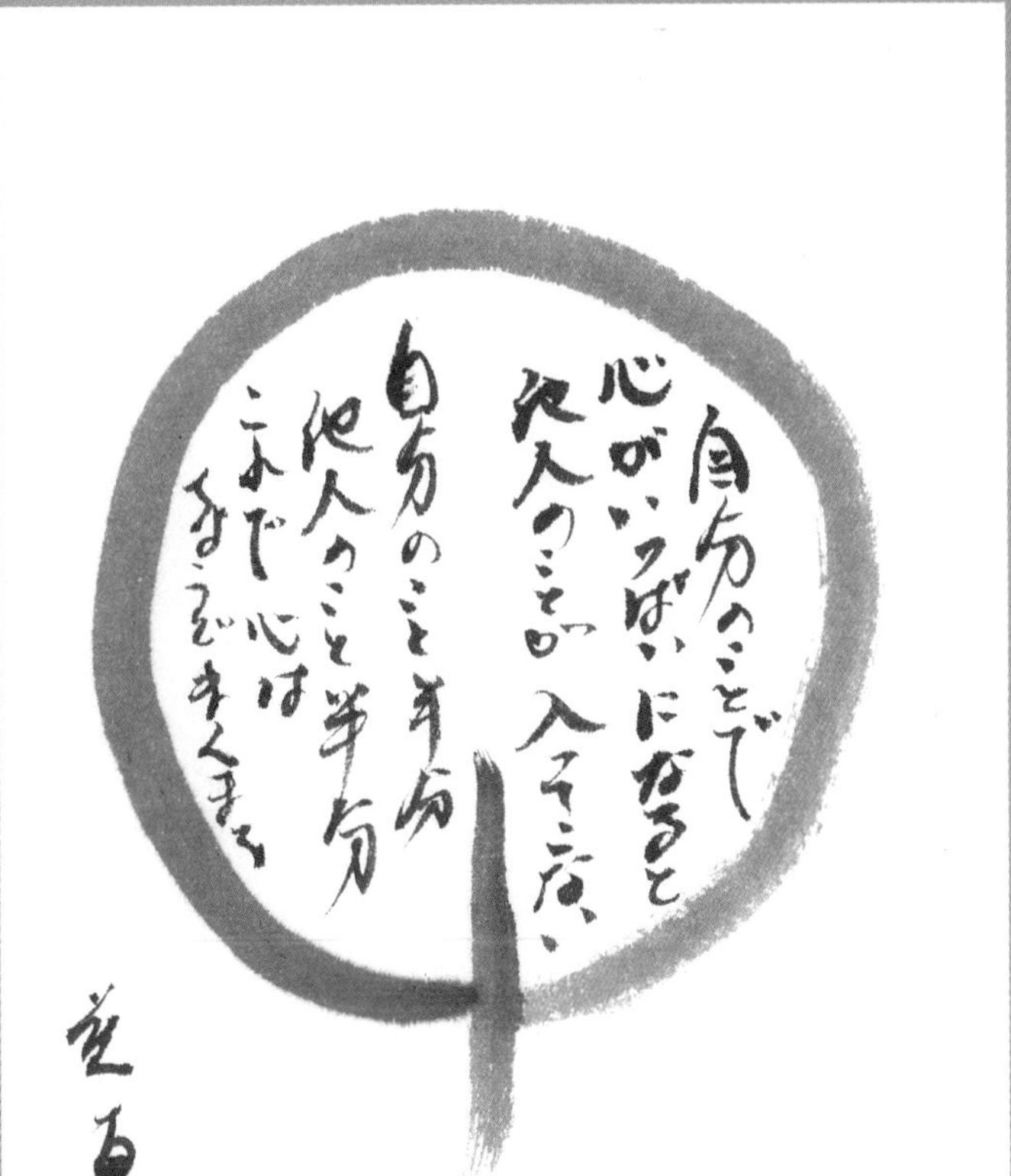
自分のことで
心がいっぱいになると
自分のこと半分
他人のこと半分
これで心は

「どうしてわたしばっかり…」。そんな不満で心が塞がっているあなたへ。（→P.48）

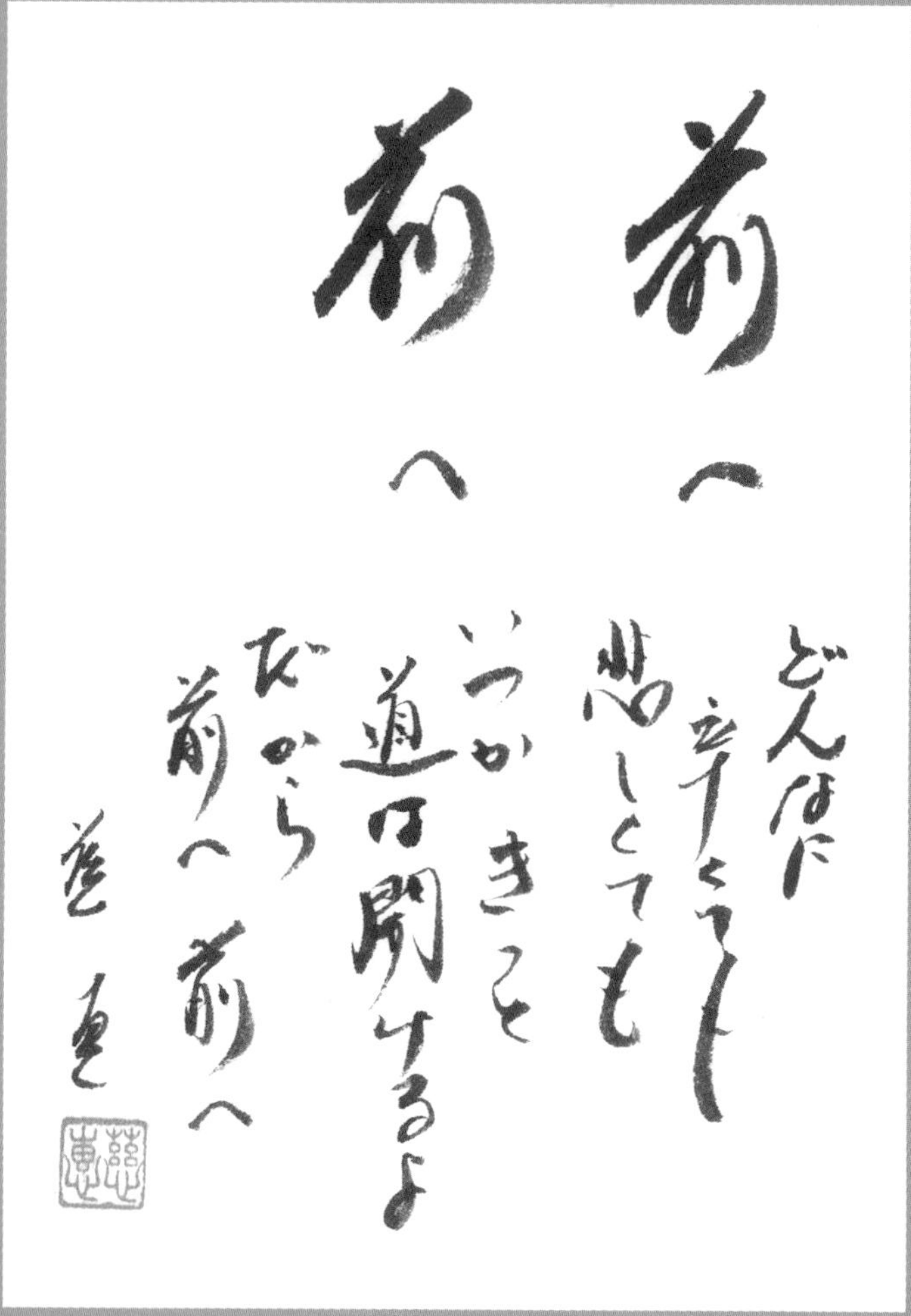
前へ
前へ
どんなに
辛くって
悲しくても
いつかきっと
道は開けるよ
だから
前へ 前へ

いじめに悩む親子へ。道は必ずある。信じて前へ進もう。（→ P.72）

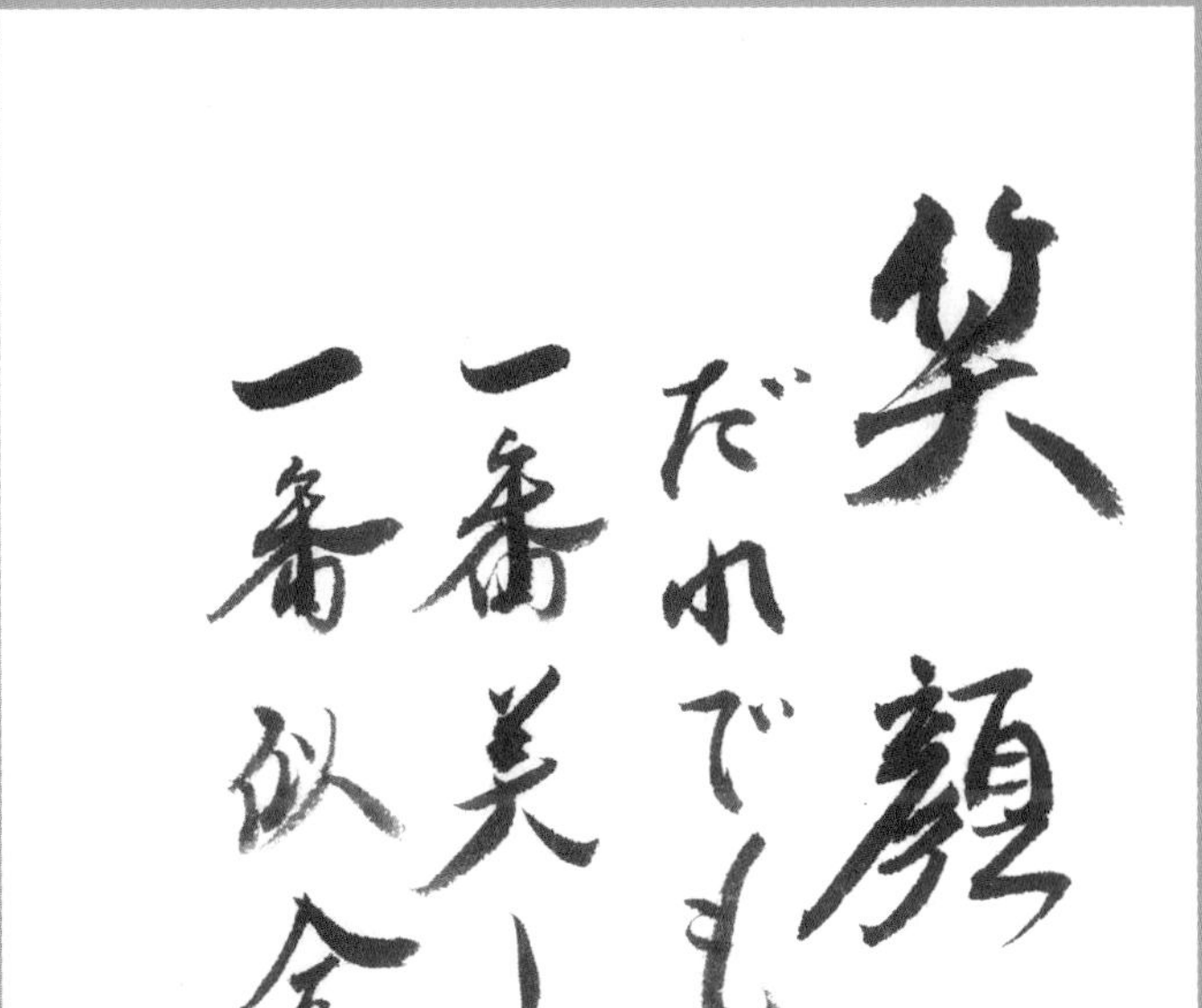
だれでも笑顔は
一番美しい顔
一番似合う顔

自分に自信が持てない人へ。笑顔は誰もが持つ、いちばん美しい表情。（→ P.106）

京の西方に佇む観音院

観音院は、京都屈指の観光名所・嵐山から程近い嵯峨野にあります。嵐山は一年を通して観光に訪れる人も多く、にぎやかなエリアですが、嵯峨野はいたって静かな場所。少し歩けば田園が広がり、遠くには西山、そして愛宕山が眺められるという長閑《のどか》なところです。

観音院は1993年に真言宗御室派の寺院として、白石慈恵住職が開きました。一見すると近代的な建物は2階建てになっており、1階が本堂、2階には奉納された観音像がずらりと並ぶ観音堂があります。縦横に組み合わせられた木組みの上に整然と並べられた観音像は、観音さまがロウソクのロウとなって住職の前に姿を現したときの様子を象ったものです。そこに一歩足を踏み入れると、ふわりと温かな空気に包まれたような感覚を覚えます。

観音院では、住職が観音さまとのご縁を得た6月8日に御降臨祭が行われるほか、毎月8日には護摩法要が行われ、誰でも参列できます。法要の後には住職による法話があり、朗らかな住職の笑顔を求めて参列する人の姿が見られます。

京都嵯峨野真言宗御室派

観音院

住所　京都市右京区嵯峨二尊院門前往生院町5-2

電話　075-861-8550

URL　https://kannon-in-kyoto.org/

千体観音が並ぶ観音堂。壁の一部が開くようになっており、本堂を臨むことができる

観音さまの
愛ことば

はじめに

人間は自分の人生を日々生き続けています。でも、明日のことでさえ、確かなことはひとつもありません。

予定通り、計画通りに行かないのが人生です。ある日、突然人生が大きく変わることもあります。わたしにも、そんな日がありました。

昭和57年春、仏壇の前で読経をしていたときのことです。ロウソクが変わった形に溶けていきました。固まったその形を見ると、それは真に観音さまのお姿でした。現在、本堂2階の千体観音堂に祀られている観音像は、その時のお姿を写したものです。

ある日、そのロウソクの観音さまから「世の人を救いなさい」という霊言を戴いたのです。普通の人間にできるはずがありません。何の修行もしていないのです。ただ、恐ろしくてお断りし続けました。でも何度かお断りしているうちに、何かお役に立てることがあるかも知れない、と思うようになり、5年間というお約束でお受けしました。

すると、なぜか次々に知らぬ人々が訪ねてくるようになり、さまざまな相談を受けました。

世間知らずのわたしには、世の中にはこんなにもさまざまな悩みがあるのかと、驚くことばかりでした。観音さまがお導きくださる霊言を伝えると、皆納得し安心して帰られました。

中には、誰にも言えず、親にも心配をかけたくないと、ひとりで抱え込み悩んでいる方がいました。その方は、この人ならと信じて話をしたところ、数日後にはあちこちに話が広がっていたと、余計に苦しみが増したとわたしに言いました。傍らに信用して話ができる人、わがままを聞いてくれる人がいるだけで、心が安らぎ冷静な対応ができるものです。ただ、他人に怒りをぶつけたり、他人の悪口しか言わず、心が疑心暗鬼に陥れば人生は暗いものになってしまいます。

観音さまのお慈悲の霊言には、温かなもの、また、厳しいものもあります。それらをひとつひとつ心に深く刻んでいると、生きる勇気が湧いてきます。この観音さまのくださる安心をひとりでも多くの方々にお伝えできることが、いまのわたしの願いでもあります。

白石慈恵

目次

2章 家庭・子育ての悩み

3章 結婚・恋愛の悩み

4章 健康・病気の悩み

1

職場・学校の悩み

一日のうちに、多くの時間を過ごす職場や学校。できれば、軽やかな気持ちで本業に専念したいもの。でも、なかなかそうもいかないのが現実です。

悩み1

仕事でミスばかり…。
職場のみんなに迷惑をかけて辛いんです

25歳 女性

いっぱい　冷や汗をかいて
いっぱい　恥をかいて
人は成長して　行くんだよ

慈愛のことば 解説

ミスや失敗は、「自分」に執着しているときに起こしがちです。「執《しゅう》着《ちゃく》」という言葉は日常でもよく使われますが、仏教用語でもあります。意味はとらわれること。そのとらわれが修行を妨げる、と考えます。

失敗ばかりを重ねるあなたは、**その失敗そのものではなく、「失敗を繰り返す自分がまわりからどう思われるか」に執着しているのではないでしょうか。**「恥をかきたくない」「うまくやりたい」と自分のことばかりに目が向いているのです。

一度、自分から目を離してみましょう。普段、読まないような本を読んでみたり、自然の恵みを感じてみたり。お寺で法話を聞いてみるのもいいでしょう。空間や意識をちょっと違うところに置いて、自分から目を離してみる。そうして、もう一度自分を振り返ってみましょう。違った見方ができているはずです。大切なのは、失敗から何を学ぶかです。

悩み 2

自分の仕事にやりがいが持てない。
このままでいいのだろうか

37歳 男性

どんな　仕事だって
他人が喜んで　くれるという
思いがなければ
良い仕事は　できないよ

慈愛のことば 解説

今の自分に満足できないのですね。人は、自分自身が満足するために達成感を得ようとします。新しい挑戦を繰り返してはどれも中途半端に終わり、不安だけが募っていく……。その不安を払拭するために、また何かに挑戦し、失敗するという悪いサイクルに陥ることがよくあります。挑戦は大切なことです。けれど、**自分が満足感を得るための挑戦には終わりがなく、安心を得られることはあまりありません。**

やりがい・生きがいというものは、自分の満足ではなく、他人に喜んでもらえるかどうかにかかっています。同僚にでも取引先の人にでも、家族にでも、どうしたら喜んでくれるかを考えて実践してみましょう。ちょっとしたことでいいのです。相手の喜ぶ顔が見られたとき、自分が相手にいい影響を与えたと感じられたとき、あなたの心は開かれていく。その瞬間があなたのターニングポイントになるのです。

悩み3

職場で仲間外れにされるのが怖くて、いつもまわりにあわせている。
そんな自分がつまらない人間に思えます

42歳 女性

相手の人に　嫌われていると思うのは
自分が　その人を嫌っているから
こちらから　心を開くと
相手もちゃんと　聞いてくれるよ

慈愛のことば 解説

「以心伝心《いしんでんしん》」という言葉がありますね。真理は心から心へ伝わっていく、という意味です。あなたがよく思っていない人が、あなたをよく思うはずはありません。相手に好きになって欲しくて合わせていても、あなたが相手を好きにならなければ、相手も同じなのです。

「つまらない自分」から脱却するには、まず、「嫌われたくない」という執着を捨てましょう。次に、相手の言うことにもとらわれないようにふんばってみましょう。執着は心を固くします。固い地面に作物が育たないように、固まった心からは何も生まれません。**執着を捨て、心を開いて、相手に向かってみましょう。**そうすれば、相手も同じようにあなたに向かってくれるようになるでしょう。

とはいえ、世の中にはいろいろな人がいます。自分が仲良くなりたいと思う人を選んで、少しずつ心の交流を計りましょう。

悩み 4

収入が低く、妻に転職するように言われました。
自分としては続けたいのですが…

33歳 男性

同じ屋根の下に住む
家族だって　同じ価値観
同じ考えを持っているとは限らない
ましてや広い世界では
気にしない　気にしない

慈愛のことば　解説

愛する家族からの厳しい願いに心が揺れているのですね。まずは、揺れている心を落ち着けて考えてみましょう。収入とやりがいを天秤にかけたとき、どちらを優先すべきでしょうか。妻は収入を優先するという価値観を持っているようです。では、あなたは?

収入もやりがいも、どちらも生きていくためには大切なことです。絶対的な正解はありませんし、どちらを優先させるかは、考え方によって異なります。それは家族であっても同様。**同じ屋根の下で暮らしていても、同じ価値観を強いられることはない**のです。

観音さまから「今の条件の中で　がんばって努力していると　条件が上がってくるんだよ」という意味のおことばをいただいたことがあります。今はダメでも、未来はわかりません。まずはあなたの価値観と向き合った上で、奥さまと話し合ってみてはいかがでしょう。

悩み５

わたしの仕事は順調なのですが、どうも夫がわたしが働くことをよく思っていないようなのです

35歳 女性

あなたがいて　わたしがいる
この広い世の中の
どこかに縁あって
今
この縁　大切にしようよ

慈愛のことば 解説

ご主人は、生き生きと働くあなたに嫉妬を覚えているのでしょうか。妻が自分を超えていくことに不安を感じているのかもしれません。いずれにせよ、ご主人の言動や表情から「よく思っていないよう」だと感じられるのですね。それにはきっと何か理由があるはずです。

この広い世の中で、縁あって、ふたりは結ばれました。仏教には「因《いん》縁《ねん》」という言葉がありますが、縁には原因があると考えます。ふたりが結ばれたのは、決して偶然ではないのです。仕事のことは家に持ち込まず、ふたりを結び付けたご縁に感謝して、夫婦で話し合ってみましょう。きっと、おたがいが我慢することなく暮らせるやり方を見出せるはずです。もう一つ、観音さまからのおことばを贈ります。「**わたしにはわたしの　あなたにはあなたの　世界がある　その世界の壁をちょっと破いて　つながるところを見つけてみよう**」。

悩み 6

小さな会社の経営者としてがんばってきたけれど、
後継者がいません。ただんでしまうのは寂しいのです

68歳 男性

勝ったとか　負けたとか
よろこんだり　かなしんだり
結果は一生を
終わらなければわからないのに

慈愛のことば 解説

ご自身で会社を経営してきたとのこと。うれしいことや悲しいこと、血の滲むような苦労もあったでしょう。今、ご自身の引退を前にして、それらが思い出されると同時に、ついに第一線から退くような寂しさをひしひしと感じているのだと思います。これまでの数十年を賭けた仕事ですもの。当然の感情です。ぜひ、その気持ちを分かちあえる方と一緒に思いっきり吐き出して、心を軽くなさってください。

さて、心の解放が終わって、ひと息ついたとき、あなたは新しいスタートラインにいます。会社を続けられるかどうかはわかりません。でも、事業を一つ興したという実績は、あなたの人生において一つの大きな果実であることは確かです。**その実を手にして、あなたはどこへ向かいますか？事業存続だけでなく、大きな目で自分の人生を見てみましょう。**まだまだ先は長いのですよ。

悩み7

今年で定年。サラリーマン人生も終わり。仕事人間だったので、この先どうしていいのかわからない。そこはかとなく不安です

64歳 男性

人生のたそがれ
日の出の勢いはないけれど
たそがれには
たそがれの　良さがあるのよ

慈愛のことば 解説

サラリーマン生活、お疲れ様でした。人生のなかで一つの大きな仕事を終えて今、そこはかとない不安を抱えているのですね。今、あなたが不安なのは、新しい出発を目の前にしているからだと思います。誰でも新しいことをするときにはドキドキするものです。

まずは、深く呼吸をして落ち着きましょう。落ち着いたら、少し目線を変えてみましょう。会社員の暮らしにはいろいろな制約がありました。来年からはその制約がなくなるのです。**不安があるのは当然のこと。少しの不安を抱えながら、あなたの気持ちの赴くまま、前に一歩踏み出してください。**自由を、そしてそのときを全力で楽しみましょう。携えて欲しいのは「向学心」。何かを追求してみましょう。若いときのような勢いはないかもしれません。でもね、黄昏時の美しさも素敵だと思いませんか。

悩み 8

今の仕事は安定していて収入も申し分ない。
でも、自分の夢が捨てきれずにいるのです

38歳 男性

現実をしっかり踏み締め
夢に向かおう
夢をあきらめず
前に進めば
夢は夢で終わらないよ

慈愛のことば　解説

　今、あなたがどんな暮らしをしているのかわかりませんが、今の仕事が生活の基盤となっているのであれば、それは大切にしたいですね。38歳という年齢から考えると家族がいるかもしれません。ひとりでないのであれば、安定していて、収入も良い仕事を簡単に捨てるべきではありません。

　あなたの夢に、年齢制限のような、具体的な制限がある場合を除いて、**夢は持ち続けていればいいのです。無理に諦める必要はありません。捨て切れないなら、持っていればいい。**邪魔になるものではありません。今すぐに叶わなくても、この先、何かの拍子に思っていたのとは違った形で叶うかもしれません。困るのは、夢のことを考えて、今の仕事への情熱がなくなってしまうこと。それはやめましょう。やると決めたことは、誠意をもって取り組みましょう。

悩み9

将来の夢の見つけ方がわかりません

15歳 女性

何をして良いか
何になりたいのか　わからなかったら
いろんな大人を見てごらん
なりたい姿が見えてくるよ

慈愛のことば 解説

お父さん、お母さん、あるいは学校の先生に「将来の夢はないの？」とたずねられたのでしょうか。将来の夢と言われると、何か大きなことを答えないといけないような気になりますね。でもね、そんなことはありません。相手の反応など気にせずに、将来のことをゆっくり考えてみましょうね。

もし、具体的に考えられないとしたら、身のまわりの大人をじっくり観察してみましょう。お店の店員さん、学校や塾の先生、近所のお姉さんやおばさん、テレビに映っている人たち…。昔の人の伝記を読んでみるのもいいですね。**見た目ではなく、その人たちの生き方を想像してみましょう。**そして自分と重ねてみましょう。きっと何かが見えてきますよ。「あの人のようになりたい」という目標が見つかったら、できることから真似をしてみましょう。

悩み 10

学校に友達がいなくて、いつもひとりぼっち。
孤独を感じるのです

17歳 男性

いやなことから逃げても
いやなことは追いかけてくる
いやなことばかりあったら
なぜいやなのか　考えてみよう

慈愛のことば 解説

「孤独」と「逃げ」は対になっているように思います。何かから逃げていると心が閉鎖的になりがち。人に対して心を閉じてしまうと、孤独感を感じるようになります。

今、あなたは何かから逃げていませんか？ 同級生から嫌われることを恐れて、関わり合うことを避けているのかもしれません。思ったような成果を上げられないような気がして、勉強や部活動に取り組めないのかもしれません。**まずは、何から逃げているか、考えてみてください。問題が明確になったら、それに対して対処法を考えましょう。**邪魔をするのは「臆病な心」。ちょっと踏ん張って、がんばってみましょう。人付き合いが苦手なら、やさしそうな人を相手に「そうだね」と相槌を打って、にっこりするだけでいいのです。やってみたら、案外簡単にできるものですよ。別に、人気者にならなくていいのですから。

悩み 11

テレワークでオンライン会議が多くなりました。
上司がわたしの服装や部屋のことばかり聞いてきて嫌です

28歳 女性

傍らに話を聞いてくれる人
信じて話のできる人
そういう人がいてくれるだけで
人生は　充分楽しい
ものになるよ

慈愛のことば 解説

会社の同僚に話をしてみてはどうでしょう。あなたにだけではないかもしれませんし、ほかの人に嫌がられて、あなたのところにやってきたのかもしれません。あるいは、上司は悪気がないのかもしれません。いずれにせよ、周りの共感してくれそうな人に話をすることです。そうすれば、笑い話になるかもしれませんし、あなたの代わりに上手に言ってくれる人がいるかもしれません。

一人で抱え込んで、ことが良い方向に進むことはあまりありません。**うれしいことも、悲しいことも、周囲の人と分かち合いましょう。**そういう人がいることは、あなたにとってとても大きな財産です。「いない…」と思う人は、言いやすそうな人に自分から話してみましょうね。「こんなこと言われて嫌だったわ」でいいんですよ。

悩み 12

仕事が忙しすぎて終わりがみえない。何のために働いているのかももうわからない。疲れた

43歳 男性

疲れたら
休めばいい
無理してがんばっても
良い結果はでないよ
疲れたら休めばいい

慈愛のことば 解説

何も考えられないほど、疲れているのですね。もう、休みましょう。疲れたら、休みましょう。もっともらしい理由なんていりません。「少し疲れてしまって…」でいいのです。普段のあなたを見ていた人たちはよくわかってくれているはずです。

誰かを助けることも大切ですが、誰かに「助けて」と言えることも大切。もしかしたら助けることよりも大切なことかもしれません。

仕事とは楽なものではありませんが、「やりたい」という気持ちの上に成り立つものです。今、あなたにそれがなくなっているのなら、休めばいいのですよ。「擦り切れるまでやって、辞める」という選択ではなく、「休む」という選択です。**休んだら、また始めましょう。助けてくれた人、待ってくれた人たちに感謝しつつ、また始めればいいのです。**そして、疲れたら、また休みましょう。それでいいのです。

悩み13

どうしても働かないといけないのでしょうか

18歳 男性

好きなことには　打ち込めるけれど
嫌いなことには　心が向かない
人生は自分でえらばなければ

慈愛のことば 解説

戦後育ちのわたしの世代は、働くことは生きることでした。物質的には豊かになった今、働くことと生きていくことが別物になっているのですね。幸せなこととも言えますが、こうした悩みが生まれることを思うと複雑な気持ちにもなります。

さて、「～しないといけない」という考え方は、人の気持ちを塞ぎます。この言葉の裏には「したくないのに」という気持ちがあるからです。では、ここで目線を変えて自分のしたいことを考えてみましょう。大それたことでなくても、お金を稼げそうになくてもいいのです。

「仕事」というと、会社に行ってお給料をもらうというスタイルがすぐに思いつきますが、そればかりが仕事ではありません。**まずは好きなことをやってみましょう。そしてそれを続ける工夫をしてみましょう。**そうしているうちに、それはあなたの仕事になっていきますよ。

悩み14

何をしても長続きしません。
こんなんじゃいけないと思うんですが…

26歳 男性

人生のまわり道
ひとつも無駄なものはないの
道
まわっているうちに
力がついてくるものなのよ

慈愛のことば 解説

大丈夫。人生、どんな経験も無駄にはなりません。紆余曲折も、まわり道も歩いていることには変わりはないからです。あなたは、ちょっと、まわり道の多い人なのかもしれませんが、一生懸命に進むべき道を探しているのですから、とてもすばらしい人だと思います。

観音さまからのおことばに加えて、わたしからのことばも贈りましょう。「3日坊主でいいから　やってごらん。3日分の結果がちゃんとついてくるよ」。1日なら1日分、3日なら3日分、5年なら5年分、結果はきちんとあなたの身についています。**大切なのは悲観しないこと。そして止まらないこと。**心をいつも大きく開いて、何かに固執することなく、自信を持って、前へ踏み出して。絶対に無駄なことはありませんから。

悩み 15

勉強ができること以外に人を図る尺度はあると思うけれど、
実際それ以外の尺度が見当たらない。
ぼくは勉強ができないのでダメ人間なのかな

16歳 男性

あちらから
こちらから
多面的に物事を見てみると
明るい未来が
見えてくるよ

慈愛のことば 解説

世間はとても広いものですし、本当にいろいろな人がいます。それらを一元的に計るモノサシはありません。たとえば、事業に成功し、一代で大会社に育て上げた人は、ビジネスマンとしてはすばらしいでしょう。しかし、その人に愛人がいたら？ 奥さんからすれば、ただの悪人です。つまり、**人の評価は見る方向によって、なんとでもなるということです。**学生時代において、勉強のできる、できないは一大事ですが、学校を出れば大したことではありません。あなたは学校の勉強が苦手なのですね。でも、それはあなたの一部分の評価に過ぎません。あなたをほかの面から見てみれば、別の見方ができるでしょう。物静かでやさしいとか、学校ではなかなか腕を見せられないけれど、とても料理が好きだとか。あなたの一部にとらわれることはありません。いろんな方向から自分を見つめてみてください。

悩み16

エッセンシャルワーカーなので、在宅勤務なんて絶対無理！
わたしだって新型コロナウイルスに罹りたくない。不公平だと思う

28歳 女性

自分のことで　心がいっぱいになると
他人のことが入ってこない
自分のこと半分
他人のこと半分
これで心は　ちょうどまんまる

慈愛のことば 解説

自分のことで心がいっぱいになっているとき、人は相手のこと、他のことが耳にも頭にも入ってきません。今、あなたの胸の中は「不公平だ！」という気持ちが充満しているのだと思います。

まずは深呼吸をして、自分以外の人のことを考えてみましょう。最前線で医療に当たっている人、自分と家族を必死に守っている人、逆に無関心な人…。いろいろな人がいるものです。

ひとつ、考えてみて欲しいことがあります。あなたは、あなた自身でそのお仕事を選んだのだと思うのですが、その理由は何ですか？ **何かの、誰かの役に立てるから、という理由ではないでしょうか。**仕事というのは、何らかの形で人のためになるものです。たくさんある仕事の中で、あなたはその仕事を選んだ。その気持ちに誇りを持って欲しいのです。その誇りは、あなた自身を形成するものとなりうるのです。

母なる菩薩 准胝観音菩薩

観音院の本尊は准胝《じゅんてい》観音菩薩です。弘法大師の名で知られる空海は、唐で密教を学び、真言宗を開きました。准胝観音は密教において菩薩とされていますが、本来は仏の母。准胝観音からたくさんの仏が生まれたことは、密教に伝わる胎蔵界曼陀羅を見ればわかります。そのことから准胝観音は准胝仏母《ぶつも》とも呼ばれます。

「准胝」とは清浄という意味です。仏教では、天道、人間道、修羅道、畜生道、餓鬼《がき》道、地獄道、という六道があり、人は悟りを開くまで、この六道を回り続ける（六道輪廻）とされていますが、准胝観音は人間道に対して救いの手を差し伸べてくださる観音さま。お姿は、三眼十八臂。18本の手には数珠や蓮華、水瓶など、人々を救うための様々な道具をたくさんお持ちで、ひとりとして救われない人がないようにと、3つの目でわたしたちを見守り、救いの手を差し伸べてくださっているのです。

②

家庭・子育ての悩み

家庭内のいざこざは、外のそれよりも難しく、悩んでいる人も多いでしょう。子育てもまたしかり。どんなふうに考えればいいのでしょうか。

悩み 17

小学生の子どもがいます。子どもよりも仕事を優先してしまうわたし。母親としての資格がないように感じてしまうのです

32歳 女性

親が知らない　子どもの姿
子どもが知らない　親の姿
互いの姿を尊重し合えば
争うことはなくなるよ

慈愛のことば 解説

昔の女性はよく働きました。わたしは母の寝ている姿を見たことがありません。けれど、寂しいと思ったことはありませんでした。それが当たり前だと思っていましたし、母のことが好きだったのです。子どもはね、どんなお母さんでも大好き。資格なんていらないのですよ。まずは自信を持ちましょう。

次に、親が子どもにすべきことはなんでしょう。**いちばん大切なことは「楽しく生きている姿を見せる」ことではないでしょうか。**何かに生きがいを見出し、悪戦苦闘しながらも生き生きと日々を送ること。その姿を見せることが、先に生まれた者の務めです。子どもが大きくなるに連れて、一緒にいる時間は短くなっていきます。親の姿が見えない時間、子どもがどう行動するか。それは、親が子どもに見せてきた姿の裏返し。互いを信じて、尊重すればきっとうまくいくはずです。

悩み18

子どもを産みたくないのです。夫は欲しいと言いますが、
わたしは今の暮らしを変えたくありません

37歳 女性

価値観は ひとそれぞれ
自分が決心してすすんだ道なら
後悔しないで 進めばいいよ

慈愛のことば 解説

あなたが本当に「産みたくない」と思うのであれば、それを突き通せばいいのです。夫であっても価値観は異なるのですから、「夫が欲しいと言うから」という理由だけで、何かを決める必要はありません。まずは自身の気持ちにしっかりと向き合いましょう。

では、あなたが子どもを産みたくないと思う理由は何でしょう。今の暮らしを変えたくない、とのことですが、暮らしというものは時とともに変わっていくものです。ずっと同じ、というわけにはいきません。また、子どもはいつでも好きなときに産めるというものでもありません。

今だけでなく、これからにも思いを馳せて、それでも「産まない」という覚悟があるのであれば、それを夫に伝えましょう。ふたりで歩むということをあなたが選んだのですから、パートナーの気持ちもしっかりと聞いて。結論はふたりで出しましょう。

悩み19

義両親が子育てに干渉してきます。わたしとは考え方が違うのでやめて欲しいのですが、なかなか言い出せなくて…

33歳 女性

がまんして
がまんして
がまんして
でも ときには
かんにん袋の緒を
切ってもいいんだよ

慈愛のことば 解説

仏教ではこの世のことを「娑婆《しゃば》」と言いますが、「堪忍土《かんにんど》」とも言います。この世は苦の世界で、耐え忍ぶ場所なのですね。とはいえ、我慢ばかりでは心が参ってしまいます。子どもはあなたのもの。あなたが思うように育てましょう。でも、ご両親がいろいろと言うのも、孫かわいさから。決して意地悪で言っているわけではないことは、あなたも十分に感じているのだと思います。だから、困っているんですよね。

そんなやさしいあなたですから、はっきりと言うのは逆にストレスかもしれません。困ったなと感じていても、我慢できることはしておくほうがいいでしょう。けれど、底なしに我慢できる人はいませんから、「**もうだめだ！」と思ったら、迷わず堪忍袋の緒を切って。**普段、物静かなあなたが「それは結構です」というだけで、効果絶大ですよ、きっと。

悩み 20

日常、子どもを叱ってばかり。
我が子への愛情の伝え方がわかりません

36歳 女性

母は子を守る
一生懸命守る
でも守り方をまちがえると
大事な我が子がいなくなる

慈愛のことば 解説

躾とは、体（身）が美しいと書きます。箸の上げ下ろしから排泄、着替えなど、生活に必要な躾は、ときに叱ってでも身につけさせなければなりません。

叱るときに考えないといけないのは「なぜ、叱るのか」です。日々の生活が思うように進まないことにイライラし、感情に任せて叱ったのでは、それは八つ当たり。一方で、子どものことを思うがゆえに、強く言うのは必要なことだと思います。人は一生懸命になればなるほど、根本が見えなくなるもの。叱る前に、今一度、立ち止まって考えてみましょう。

愛情は単にやさしくすることではありません。相手を尊重し、慈愛の心で守ることです。その芯がぶれなければ、子どもはあなたに愛を感じているはずです。逆に、子どもだって人間です。理不尽なことばかりが起こるような家庭だと、去っていってしまうかもしれません。

悩み 21

中学生の娘が反抗期。まったく言うことを聞きません。
娘の気持ちがわからなくなってきました

42歳 女性

親は子に期待する
親より偉くなれ　親より出世しろ
親より高いところを目指せ
子どもはそれで　満足かしら

慈愛のことば 解説

反抗期とは厄介なものです。とはいえ、「そんな時期ね」と逃げてばかりいるのはおすすめしません。子どもの気持ちをきちんと受け止めたいものです。受け止めた上でそっとしておくのと、わからないから放置しておくのとでは大違いなのですから。

とかく、親は子どもに期待という押し付けをするものです。けれど、子どもの立場に立ってみれば、迷惑な話かもしれません。ご自身を振り返ってみてもそうではありませんか。**まずは子どもの気持ちを知ることです**。では、そのためにはどうしたらいいと思いますか。簡単なことです。やさしい言葉をかけてあげてください。「いつもがんばってるね」「よくできてるね」など、何でもいいのです。それだけで子どもの心はうんと柔らかくなるのです。

悩み 22

夫にはいろいろと感謝していますが、
どうも恥ずかしくて上手に伝えられません

52歳 女性

空気みたいな存在の人が
一番大切な人
そんな簡単なことが
失ってみないとわからない
失ってからではおそいのに

慈愛のことば 解説

52歳とのことですから、数十年の年月をご主人と過ごしてきたのですね。その年月で「ありがとう」が言えなくなっているのなら悲しいことです。**「ありがとう」は、魔法の言葉。言われて、腹の立つ人はいません。どんどん口から出しましょう。**

今、あなたは夫に感謝の気持ちをきちんと持っています。それはすばらしいこと。感謝すら感じられなくなってしまうと、なかなか修復は難しいでしょう。さあ、あとは口に出すだけです。かしこまる必要はありません。何かを取ってもらったときに「ありがとう」、食事をおいしいと食べてくれたら「ありがとう」。ちょっとずつ、何度も、ことあるごとに会話に挟むのです。すると、不思議なことに相手も言うようになるのです。

悩み 23

一人息子が春から地方の大学へ通うために家を出た。
心にポッカリと穴が開いたようで、何も手につきません

48歳 女性

つらいこと
悲しいことがあったとき
紙に書いて
書いて書いて　そして破るの
少しは心が軽くなるよ

慈愛のことば 解説

寂しいですね。こんなときにおすすめしたいことがあります。**あなたの気持ちを、そのままストレートに紙に書いて、どんどん書いて、そうしてビリビリに破って捨ててしまいましょう。**「寂しい」「どうして地方の大学にしたの」「電話もよこさないで」…。相手にどう思われるか、何と言われるか。そんなことは気にしない、気にしない。書けたら、ビリビリ、ビリビリ破いて、最後にゴミ箱のフタをパタン！ 不思議なことに、ちょっと心が軽くなります。

人に話しても仕方のない感情や自分の中に日々溜まっていく鬱憤。あるいは、誰にも言えない秘密など。そんなものがあるときはこの方法をぜひお試しになってみてください。きっと効果が現れるでしょう。

悩み 24

シングルで子どもを育てています。離婚に後悔はしていませんが、
どうも自信が持てなくて…

35歳 女性

初めは　みんな素人
達人なんて　ひとりもいないよ
一日一日成長して
いつかはきっと

慈愛のことば 解説

あなたが気にしているのは、あなたがシングルであることではなく、その事実によって子どもが周囲の人に〝低く〟見られることではないでしょうか。それを気にしていても始まりません。何をしても、何を見ても、悪く言う人はいるものですから。また、両親がそろっている家の子どもが必ず立派になるなんていえません。子どもは、どんな環境であれ、内在するパワーでもって力強く生きていきます。

さて、少し回りくどくなってしまいました。つまり、**今、あなたの心が重いのは、あなた自身の問題だということです。**自分に自信が持てない、ということではないでしょうか。この悩みは至極当然。どんな人でも最初から達人なんかに慣れっこない。日々、前向きに、あなたの理想とする「お母さん」を目指してがんばっていればそれで十分ですよ。

悩み 25

話し下手でママ友ができません。子どもに申し訳なくて…。
どうしたら話上手になれますか

23歳 女性

自然に
ありのまま
あなた らしさを
活かして

慈愛のことば 解説

「話が上手にできない」「暗いお母さんの子だと子どもが思われないかしら」と悩んでいるのですね。考えすぎです！ そもそも、人の会話なんて、いつもいつも盛り上がるわけではありません。井戸端会議なんてそんなものです。とくに子育て中は自分の子どもに必死。人のことなんて、たいして気にも止めていません。話すことがなければニコニコしていればいいですし、質問されていい答えが思いつかなければ「どうかなあ」とあいまいにしておけばいいのです。

「おもしろおかしく話さなきゃ」と気負ったり、さらにはウソをついてみたり。そんなことをしてもうまくいくことはありません。観音さまからこんなことばをいただきました。**「普段着でつき合おうよ　着飾ってると心まで飾っているようで　遠くに感じるよ。もっとありのまま　ふだんの心で　付き合おうよ」**。

悩み 26

自分の子どもがかわいいと思えません

25歳 女性

子どもがいれば　育てる苦
子どもなければ　持てない苦
どちらにしても苦はあるよ
どちらにも楽しみはあるよ

慈愛のことば 解説

子どもがかわいいと思えないほど、疲れてしまっているのですね。そんなときは「ねばならない」にがんじがらめになっていることが多いので、少し自分を解放してあげましょう。とはいえ、子ども、特に小さな子どもがいる場合、それすらままならないこともありますよね。**そんなときは、心の持ち方を工夫してみましょう。**

子どものあるなしは、その是非は置いておいて、人の人生にさまざまなものをもたらします。時間的な制約もできますし、経済的な負担もあるでしょう。けれども、ほかのものでは得られない喜び・幸せをもたらしてくれることもまた事実なのです。

人はときとしてワガママで、ないものねだり。何を選んでも表と裏、苦と楽があるのです。であれば、苦だけをみても仕方ない。楽に目を向けてみましょう。

悩み 27

息子が学校でいじめにあっているようで引きこもってしまっている。
親としてはどうすればよいのだろうか

36歳 男性

前へ前へ

どんなに辛くても　悲しくても
いつか　きっと　道は開けるよ
だから　前へ　前へ

慈愛のことば 解説

いじめは許されることではありません。息子さん本人が先生に言うなどの行動を起こせるといいのですが、すでにその状態ではなさそうです。では、親が動きましょう。いじめというのは本当に陰湿なもので、教師はまったく気づいていない、ということも多いと聞きます。息子さんとしっかりと話をし、その内容を先生に伝え、対処法をはっきりさせるようにしましょう。学校任せではいけません。

一方で、息子さんと楽しいことをいっぱいしましょう。学校へ行かないからといって、ほかのところへ出掛けてはいけない、なんてことはありません。学校以外の世界を持つことは大切なことです。観音さまからのおことばをもう一つ。「**こどものころの想い出は　大人になって大事になるの　だから楽しくて　良い想い出をいっぱい作ろうね**」。お父さん、応援しています。

悩み 28

50年間、寄り添って生きてきた妻が亡くなった。
それも突然に。途方に暮れている

72歳 男性

人には 悲しい別れが
ついてくる
でも 魂はいつも
いっしょだよ

慈愛のことば 解説

人生のほとんどを一緒に過ごしてきた人を突然亡くされたのですね。お察しします。人の命には限りがありますから、この別れだけは避けられません。いつかどこかで、どちらかが悲しむことになるのです。

しかし命には終わりがありますが、魂には限りはありません。体が見えなくなっても、魂はそこにあり続けます。家族、あるいは夫婦とは、この世にある無数の魂のなかから、ご縁で結ばれあった魂の集まりです。ですから、**奥さまの魂は今もあなたのそばにあります。**触れられない、話せない、見えない。そのことにとらわれずに、奥様の魂の存在を感じてみてください。毎日の暮らしに張り合いが生まれると思います。

夫のＤＶがひどい

運命

運命とか
因縁とかで
あきらめないで
いまから　これから
運命は変えられるかも

33歳 女性

慈愛のことば 解説

「彼を選んだのはわたしだから」、「経済力がないから我慢するしかない」「これがわたしの運命なんだ」などと、あきらめてはいませんか。あきらめたときは終わるとき。決してあきらめてはいけません。今すぐ、きちんとした経済力をつけるのは難しいかもしれませんが、人ひとりが生きていく程度の経済力なら何とかなるのではないでしょうか。もし、子どもを抱えているのなら、逃げ出す場所を見つけるのが先決かもしれません。

とにかく、**あなたの人生の舵はあなたが取るのです。運命だとか、因縁だとかに委ねてはいけません。**変わる勇気、変える勇気を持ち続けることが、行動の源になります。まずは、生きる気力、前向きな気持ちをしっかりと持つことです。それがスタートラインになりますよ。

悩み30

コロナ禍で在宅勤務が続き、家族と過ごす時間が増えた。
仕事ばかりの毎日を送ってきたので、
どうやって家族と向き合っていけばよいのだろうか…

45歳 男性

家族の輪　家族の絆は
とても大事なもの
あまり身近すぎて
感謝をわすれやすいものだけど

慈愛のことば 解説

慣れないシチュエーションに落ち着かないというところでしょうか。文面を拝見する限り、ご家族と向き合っていかれたいという気持ちをお持ちのようですから、あとはドンと構えていればいいと思います。変な気の使い方は、家族全体に連鎖していきますのでおすすめしません。

家族関係というのは、人間関係の中で、もっとも大切なものであり、もっとも難しいものです。うまくいかなくなったときには、他人同士のそれよりも、修復しにくかったりもします。コロナ禍による生活の変化は今、あなたに戸惑いをもたらしているのかも知れませんが、家族と過ごす時間を前向きにとらえるいいチャンス。無理に楽しいことをしようとか、おもしろいことを言おうとか、そんなことを考えないで。**家族に対しては「愛」と「感謝」があればきっとうまくいきますよ。**

苦の根源──我慢偏執

「我慢偏執《がまんへんしゅう》」。この言葉は、苦の根源として、住職がその師から教わった言葉だと言います。「我」とは自分のこと。我を主張すること、我ばかりを押し通すことは苦の根源のひとつです。次に「慢」。慢心の慢です。謙虚な心を失っておごりの気持ちが生まれたときが苦の始まりなのです。

そして「偏」。心の中に偏りが生じたとき、人は自分と異なるものを排除しようとし始めるのです。最後が「執」。何かにこだわりすぎる、執着が心を塞いでしまったとき、苦悩が生まれます。

何か困難や問題にぶつかったとき、その原因の多くはこの「我慢偏執」のいずれかにあります。そのことが理解できると、解決の糸口が見つけやすくなります。また、普段の暮らしの中でも、これら4つに心を塞がれてしまわないように、時々、自分で振り返って見る時間が持てるといいですね。

3

結婚・恋愛の悩み

♡

人と人とが深く交わる恋愛、ともに歴史を紡ぐ結婚。幸せな一方で、ひとたび、糸が絡み合うと悩みのタネになってしまうもの…

悩み 31

周りは結婚して子持ちの人も多いのに、わたしはまだ独り身。
この先が不安でたまりません

43歳 女性

あきらめるときは 終わるとき
本当に 終わってもいいという
覚悟がないうちに
あきらめるのはまだ早いのよ

慈愛のことば 解説

不安でたまらないのは、なぜでしょうか。この先、ひとりで人生を歩んでいく自信がないということでしょうか。それとも、人よりもずいぶん遅れているという焦りによるものでしょうか。いずれにしても、あなたの人生はあなたの人生。人と同じにはなり得ませんし、仮にそうできたとしても、それは幸せだとはいえないのではないでしょうか。

今、あなたがすべきなのは、自分の暮らしを楽しむことです。43歳という年齢を考えると、ご自身の子どもを望むのは難しいかもしれませんが、パートナーはいくつになってもできるもの。わたしの知っている人の話ですが、70歳を超えて初めて人生を共にしたいと思えるパートナーを得た人もいるほどです。暗い顔をしていては、ハッピーは逃げていってしまいます。自分にあきらめず、希望さえあれば、いつだってスタートできるのです。

悩み 32

家庭を持つ人ばかり好きになってしまいます

32歳 女性

憧れの人に憧れる
ただ憧れている　幸せがいいんだよ
手に入れようとするから
苦がはじまるよ

慈愛のことば 解説

人のものに手を出して、うまくいくことはありません。あなたが、恋愛に求めているものの中に、相手の心以外のものがあるのではないでしょうか。障がいがあることによるスリルでしょうか。それとも、家庭への憧れでしょうか。

観音さまからの慈言をひとつ紹介します。「恋愛に悩む人は恋しい人のことしか考えていない なのに その人はわかっていない」。あなたは彼のことを本当にわかっているでしょうか。家庭があるにもかかわらず、あなたとの関係も保とうとする彼の真意はなんでしょう。

このような恋は、憧れているうちが花。それ以上を求めると苦が始まります。彼への気持ちに無理にフタをする必要はありませんが、憧れにとどめておきましょう。そうすれば、誰に迷惑をかけることもありませんし、あなたが不幸になることもありません。

悩み 33

もうすぐ40歳。恋愛を知らぬままこの歳まで来てしまった。
こんな自分は異常なのかな?

38歳 女性

春夏秋冬
それぞれの美しさがあるように
人にも
それぞれの
美しさがあるの

慈愛のことば 解説

初恋を思春期で経験すると、自分でも恥ずかしくなるような大胆なことをしたりするものですが、それよりもおとなになると、誰しも引っ込み思案になるものです。今、あなたは38歳。きっとおとなしい人なのでしょう。人を好きになることの楽しさよりも怖さのほうが先にたったまま、長い月日が経ってしまったのかもしれません。

けれど、人生の歩みは人それぞれですし、幸せは早い者勝ちではありません。人にはそれぞれの美しさがあって、それが輝くときも千差万別なのです。焦ることはありません。

ゆっくりていねいに歩んできた自分を慈しんであげましょう。人と深く関わることへの恐怖心を乗り越えて、慈しみを自分以外の人に向けられるようになったとき、あなたの初恋が始まるのかもしれません。楽しみですね！

悩み 34

親を安心させるためには結婚すべきでしょうが、
自分は結婚したくありません。暗黙のプレッシャーが重たく感じます

33歳 女性

後悔のない
生涯なんてありえない
でも結果がどうなるだろうか
よく考えて進まないと
後悔がふくらんでしまうよ

慈愛のことば 解説

親御さんの望みは、あなたが結婚することではなく、あなたが幸せになることです。どうしようもない結婚をしたりなどしたら、とても心配なさるでしょう。幸せになるために、いちばん簡単に思いつくのが「結婚」なのかもしれませんが、結婚は必ずしも幸せなものとはいえません。つまり、あなたが幸せそうで、それが将来にわたって続きそうであれば、親御さんは安心されるのです。結婚を勧められるのは、いずれかが欠けているのではないでしょうか。

幸せかどうかを決めるのはあなたです。結婚したくないなら、しなくてもいいとわたしは思います。ただ、あなたの幸せがどこにあるのかを見極め、それに向かって歩みを止めないようにしましょう。そして、その過程において、親御さんに心配をかけないようにすることは、ひとりの大人として必要な思いやりだと思います。

悩み 35

ずっと付き合っている人がいて、結婚したいと思っていますが、
周囲が反対していて、実現できずにいます

35歳 男性

前に進む勇気 退く勇気
退く勇気は 進む勇気の
何倍も力がいるの

慈愛のことば 解説

反対しているのは、親御さんでしょうか。ご友人でしょうか。いずれにしても、何らかの理由があると思います。あなたは、彼女に恋をしていますから、「なんだ、そんなこと」と軽く見ているかもしれません。あるいは「彼女のことを理解していないからだ」などと周囲の意見をはねつけてしまっているのかもしれません。

けれども、結婚は人生において大きなターニングポイントです。**あなたのことを大切に思ってくれている人たちの冷静な指摘は軽く見るべきではありません。**落ち着いて耳を傾けましょう。そして、彼らの言い分に一理あるなと感じたり、納得できるものであったなら、退く勇気をもって行動しましょう。進むよりも、退くほうがたいへんだけれど、大切な勇気ですよ。悲しみは時が癒やしてくれるものです。

悩み 36

7年間も交際している女性がいますが、収入が不安定なので結婚を申し込めずにいる。とはいえ、別れることもできない。彼女に申し訳ない

37歳 男性

成功は
条件じゃないよ
やる気があれば
ついてくるよ

慈愛のことば 解説

結婚を申し込むときに、収入や仕事の安定性を最優先させるのはいかがなものでしょうか。結婚し、生涯をともにしたいと思うほど、彼女を愛しているのでしょう？ であれば、あなたの愛の深さ、真剣さを伝えなくては。彼女が、収入や仕事の安定性を理由にあなたの申し入れを断るのであれば仕方がありませんが、きっとそうではないですよね。であれば、ふたりで解決策を考えればいいのです。

勤め先の大小や、卒業した学校、学歴などを気にする人がいますが、**成功は条件で決まるものではありません。やる気や情熱があれば、結果は自然とついてきます。**行動する前からあれこれ考えず、まずは行動して。さあ、彼女にあなたの気持ちを伝えましょう。グズグズしていると、しびれを切らして離れていってしまいますよ。

悩み 37

長年同棲しています。自分としては現状に満足しているのですが、
結婚しないとダメでしょうか

44歳 女性

いらない
とりこし苦労して
自分を責めるのは
良くないよ

慈愛のことば 解説

今の状態であなたはとても幸せなんですよね。であれば、何にも悩むことはありません。社会通念に照らして、あなたは自分が無責任なことをしているのではないか、お相手に悪いのではないかと感じているのかもしれませんし、そういう風に周りから見られるのも嫌なのかもしれません。でも、そんなもの、気にするのはやめましょう。大切なのはあなたと、あなたのパートナーの気持ちです。

誰に迷惑をかけているわけでもないし、あなたとあなたのパートナーが満足しているのであれば、それでいいのですよ。どうぞ、お幸せに。

悩み 38

同性の恋人がいます。親に打ち明けたほうがいいですか？

32歳 女性

相手を思いやる
うそは 方便
自分の利だけの
うそはうそだよ

慈愛のことば 解説

同性の恋人がいる、と告げられたときの親御さんの気持ちを考えてください。特段、今すぐに打ち明ける必要がなく、親御さんを悲しませることになりそうなのなら、無理に話さなくてもいいのではないでしょうか。小さいころ、「うそつきは泥棒の始まり」と教えられたものです。けれど、大人になるとそれだけではなくなってきます。

何にでも言えることですが、**本当のことを言うだけが思いやりではありません。相手のことを思ってのうそ、それは方便**です。もちろん、自分のためだけにつくうそは、ただのうそですから、それはいけません。逆に、事実だからといって、自分を主張するためだけに、相手が傷つくことも承知で伝えることも、わたしはいいことだとは思いません。

うそをついていると思うと、自分が苦しくなりますね。相手のことを思ううそであれば、方便だと思っていいのですよ。

悩み 39

子どもが男女関係について尋ねてきます。
どのように教えたらいいですか

43歳 女性

なんでも
話せる 関係は
裏切らない
ことから
はじまるよ

慈愛のことば 解説

子どもは何にでも興味を持ちます。知りたいと思うこと、好奇心をもつことはすばらしいことです。親として、できるだけていねいにその気持ちを汲み取ってあげたいものですね。

さて、今回は男女関係について尋ねられているわけです。男女関係、つまり性の問題ですね。どう答えるか、という点については正解はありません。子どもの年齢や性格に合わせて内容を吟味する必要がありそうです。**ただ一つ言えることは、逃げないこと。**親がはぐらかすと、子どもは親が信じられなくなります。親子の関係において、信頼関係ほど大切なことはありません。少しばかり親が苦手な分野だったとしても、まっすぐ、自分ができる範囲で答えましょう。とはいえ、全てが答えられるわけでもありませんね。そんなときは、一緒に学んでみてはどうでしょう。絆が深まると思います。

悩み40

結婚当初は仲良し夫婦だったのに、今は口も聞きたくありません。
どうしたらいいのでしょうか

62歳 女性

あのとき の　燃える思いも　感動も
時の流れが
色無き　景色と　化してしまう

慈愛のことば 解説

月日というのは残酷なもので、燃えるような恋も色無き景色に変えてしまうことがあります。遠い記憶をたどっては愕然とすることもあります。

けれどあなたは今、「どうしたらいいのか」と悩んでいるわけですから、現状を変えたいと思っています。ご主人はどうでしょうか。観音さまからこんなおことばをいただいたことがあります。**「与えた傷は浅く感じるのに　受けた傷は深く感じる　他人を傷つけることは　自分も傷つくのに」**。もしかしたら、あなたとご主人は、お互いに「傷つけられた」とばかり思っているのかもしれません。

この状況を打開するには、この悪循環の回転を止めればいいのです。「そのシャツ似合うわね」など、ちょっとした一言をあなたのほうからかけてみましょう。最初はギョッとされるかもしれませんが、褒められて嫌な気になる人はいませんよ。

悩み 41

娘が不倫をしているようです。本人も悩んでいるようですが、
親としてできることはないでしょうか

62歳 女性

他人のことは
良く見えて
羨ましい
でも同じようになってみると
やっぱりそこにも
苦はあるの

慈愛のことば 解説

子どもが大人になってくると、親のできることは少なくなります。心配しかできないものですね。不倫に悩む娘さんを叱っても始まりませんし、相手に話をしても仕方ないでしょう。そんなとき、どんなふうに声をかけたらいいのでしょうか。

今は奥さんの座が羨ましいかもしれません。ですが、妻の立場に立ったらたで、何かしら問題はあるわけです。これは不倫に限ったことではありません。**物事には両面があって、何をしても、どんな立場に立っても、良いこともあれば辛いこともある**のです。

そのことを娘さんは理解しているのでしょうか。最終的にどうするかは本人が決めることですけれど、人生の先達として言えることがあるはずです。それをそっと伝えてあげましょう。子どもの心の奥深くに、あなたの心が伝わったときに、一つの答えが出るのではないでしょうか。

悩み 42

恋って一体どういうもの？

二人でいれば　たのしいね
二人でいれば　けんかもできる
二人でいれば　寂しくないね

15歳 女性

慈愛のことば 解説

初恋はまだでしょうか。楽しみですね。「恋ってどんな感じなのかしら」と考えているときがとても楽しいものです。恋のすばらしさは実際に体験するのがいちばんですが、それを知りたいあなたに、このことばを贈りましょう。

恋をすると、ふたりでいるだけで楽しくなります。けんかもできます。寂しくなんかありません。こんな気持ちになるのです。「どれも友達とでもできそうだけど…?」というあなたの声が聞こえてきそうですね。でも、恋をすればわかります。この言葉の奥にあるものが、友情とは全く別のものであることが。

人は恋を繰り返し、愛を知ります。 恋は狭いものですが、愛は広く、深いものです。上質な愛を持つ大人になってくださいね。そのためには、いい恋をたくさんすることです。怖がらずに、思い切って!

悩み43

自分に全く自信がありません。自分のことが好きでないのに、人から好かれるなんてあり得ない。わかっているけど、それも寂しい…

17歳 女性

笑顔

だれでも
笑顔は
一番美しい顔
一番似合う顔

慈愛のことば 解説

この相談を見ていると、暗く沈んだ女性の顔を想像します。でも、あなたは寂しいとも思っています。自分に自信を持てるようになって、自分以外の人に好きになってもらいたい。そんな気持ちがあなたの中にあるのです。では、どうするか。

答えは簡単です。**口角を上げて、笑顔でいましょう。**笑顔は、誰にとってもいちばん素敵で似合う顔です。どんなにきれいな洋服やアクセサリーも、晴々とした心からの笑顔にはかないません。そして、笑顔には相手の心を柔らかくするパワーがあります。赤ちゃんがふわっと笑うだけで、厳めしい顔のおじいさんだってにっこりしてしまうでしょう？ 笑顔のパワーはすごいのです。さあ、あなたも明日から、いえ、今から笑顔で暮らしましょう。あなた自身の心も丸く柔らかくなって、周囲は丸い心の人でいっぱいになりますよ。

観音さまの慈悲、そして慈言

住職の言葉によれば、「観音さまは、いつもおやさしい」のだそうです。いつも、どこにあっても、わたしたちを見守り、包んでくださっており、たとえわたしたちが誤った方向へ進もうとも、そっと遠くからそのことをわからせてくださるのです。

住職は観音さまから預かったおことばを「慈言《じげん》」と名付けました。その言葉は、文字ではなく、ある種の空気のような不思議な形で伝えられ、住職によってわたしたちに届けられます。慈言は戒めではありません。いつも、励ましであり、後押しであり、光を与えてくれるものです。

人は困難に出会ったとき、自分自身で解決しようともがきます。もがけばもがくほど、糸が絡まってしまい、どうにも戻せなくなることも。そんなとき、そっと手を合わせて祈りましょう。観音さまは、必ず見ていてくださっていることでしょう。

4

健康・病気の悩み

生きていればこそ、尽きることのない体の悩み。思いがけない病に理不尽さすら感じたりなどしてしまう…

悩み 44

親の介護が辛い。手分けできる人もいないし、
ぼやくと人でなしと言われそうで…

56歳 女性

してあげた
と思うと
くやしくなるの
させていただいた
と思うと
くやしさが残らないの

慈愛のことば 解説

親子関係ほど難しいものはありません。お互いに健康であってもらいたいものなのですから、片方の体がままならなくなってしまったら、さらに複雑になります。大人同士といえども、親子の間には微妙な甘えが常に存在します。親の側からすれば、「これくらい、やってくれたっていいのに」と思い、子どものほうも「わたしの気持ちもわかってほしい」と、たがいに要求が受け入れられて当然だと思っているのです。

けれども、介護というシーンで考えた場合、介護される側の辛さを思いやってほしい、とわたしは思うのです。若いころと違って、できないことが増えていくのは、やはり悲しいものです。自分自身が自分の子どもの重荷になってしまっていることも、親としてはたいへん胸が痛むこと。**ぜひ、「させてもらう」の気持ちで接してみましょう。**自然と気持ちが軽くなっていくはずです。

悩み 45

妻が認知症で、夫であるわたしのこともうわかっていないようなんです。寂しくて仕方ありません

72歳 男性

夫婦円満の
秘訣はね
一にも
二にも
慈愛の言葉だよ

慈愛のことば 解説

長い人生の大半をともに歩んできた奥さまが、ふたりの歴史だけでなく、あなたのこともわからなくなってきているのですね。その現実を毎日目の当たりにしていらっしゃるのですから、辛く寂しいというお気持ち、お察しします。

こう考えてみてはいかがでしょう？ 目の前に奥さまは生きていらっしゃいます。認知症を患っておられるけれども、生きていらっしゃる。このことは事実です。日々の暮らしにはお手伝いが必要かもしれません。あなたが愛した奥さまとは少し様子が違っているかもしれませんね。でも、愛しているでしょう？ 愛する人が生きて、目の前にいるということは幸せなことです。**まだ、ふたりの歴史は続いているのです。ぜひ、慈しみの言葉とともに接して差し上げてください。**愛とは魂と魂の結びつきですから、必ず奥さまの心に通じています。

悩み 46

がんで余命1年と医師に告げられた。呆然としてしまって、
何も手につかない

人間が佛さまから
平等に与えてもらった
一日二十四時間
だけど何日分
与えてもらったのか
自分の時間を誰も知らない
だから今、だから今日を大切に

63歳 男性

慈愛のことば 解説

お体の調子はどうでしょう。お辛くないといいのですが…。医師からの宣告はショックだったと思います。気持ちが落ち着くまでは、泣いてもいいのですよ。心にフタをすることなく過ごしてください。

さて、あなたは医師に人生の終わりを告げられたのですが、それはその医師が考えるところ、の話です。もちろん、お医者さまがわけもなくおっしゃっているわけではないと思いますが、1年先のことは誰にもわからないのです。あなたの命はもっと長いのかもしれませんし、もっと短い可能性もあるのです。人は、仏さまに人生という時間を与えられていますが、その長さは誰も知りません。今、健康な人だって、明日をもしれない命なのです。

ですから、お医者さまの意見も参考に、**あなたはあなたの人生を楽しんでください**。終わりは誰にもわからないのですから。

悩み 47

事故で障がい者になりました。この先、
人の手を借りないと生きていけないと思うと目の前が真っ暗です

47歳 男性

いのち

自分の命は
自分だけの
小さなものじゃない
周りの人たちの
人生に影響する
大きな存在
大きな生命なの

慈愛のことば 解説

人は、自分の命を自分だけのものだと考えがちですが、実はそうではないのです。人は互いに影響を及ぼし合って生きているのです。自分の命は自分だけのものではなく、あなたが影響を与えるすべての人のもの。命は大きな大きな存在なのです。

あなたは今、事故によって体に傷を負いました。**助けが必要になったとはいえ、あなたにはできることがきっとあるはずです。それを探してみましょう。**「自分は障がい者だから…」と自分から袋の中に入ってしまわないで。人の話を静かに聞いてあげるだけでも、誰かの役に立てるのです。

自分の言葉や行動が、他人にいい影響を与えたと感じられたとき、人は言葉にならない充実感を覚えるものです。体に傷を負ったとしても、人の役に立てる何かを見つけられたとき、あなたの命は事故に遭う前よりも、キラキラと輝くことでしょう。

悩み 48

一人暮らしです。持病が悪化してきていて、
これからのことが心配。不安なんです

じゃん
けん
ぽん

出した手は
ひっこめられない
この世に生まれたことを
ありのまま
受け入れてみよう

37歳 女性

慈愛のことば 解説

「じゃんけんぽん」を知っていますよね。何かを決めるときに使うものですが、実は仏教にルーツがあるともいわれています。仏教用語の一つに「料《りょう》簡《けん》法《ほう》意《い》」という言葉があります。「法意」とはお釈迦さまの教え、「料簡」とはよく考えること。何かを決めるときには、お釈迦さまの教えをもとによく考えよ、という意味です。じゃんけんぽんは、仏さまの意のままに、と願をかけてグー、チョキ、パーを出しているのかもしれません。

さて、この出した手は引っ込められません。生まれたら死ぬまで、生きるのです。ご病気で辛いと思いますが、まずは苦しみや悔しさを置いて、生まれてきたのだという現実を受け入れましょう。そして、冷静になって、不安を取り除く手段を考えましょう。**あなたが楽しく生きていくための手段を考えるのです。あきらめてはいけません。**

悩み 49

最近、めっきり疲れやすい。老いを意識しています。
何かアドバイスをいただけますか

63歳 女性

気が緩むと
前に進めなくなる
この生命が
終わるまで
目的を持って
生きようね

慈愛のことば 解説

63歳とのこと。まだまだ、人生の中盤ですよ。今から終わりに備えていてはいけません。人は、気が緩むとダラッしてしまうもの。気を張って取り組めることを見つけましょう。「もう若くはないから」とあきらめたり、やめたりする必要など一切ありません。好きなことを始めてもいいですし、興味のあったことを一から勉強してみるのもいいですね。何にもない…なんて言わずに、何でもやってみればいいのです。

豊かな人生を送るためには、学び続ける気持ちを持つことです。学びといっても勉強だけではありません。どんなことからでも得られるものはあるのです。**いくつになっても謙虚な気持ちと好奇心を持って学び続けましょう。**知りたいこと、やりたいことがたくさんできれば、疲れなんて吹っ飛んでしまいますよ。

悩み50

更年期障害が酷くて体調も最悪。せめて、考え方だけでも上向きにしたいので、いいことばをお願いします

52歳 女性

目が覚めまして ありがとう
今日 悲しいことがありまして
ありがとう
今日 うれしいことがありまして
ありがとう
いろいろなことがありまして
ありがとう

慈愛のことば 解説

あなたへ贈ることばです。更年期による体の不調は人によってはたいへん辛いものだと聞きます。それぞれの調子に合わせて暮らせるといいですね。ただ、更年期というのは大人の女性の思春期のようなもの。体や心の変化のひとつ、人生において誰もが通る道のようなものです。そのことにあまりとらわれず、日々の楽しいことややらねばならないことに目を向けましょう。不調に固執しないことです。

更年期でも、そうでなくても、**いつもどんなときでも「ありがとう」の心を持つこと。**これが人生を上機嫌に過ごすコツ。花が咲いたら「綺麗な姿を見せてくれてありがとう」。子どもが帰ってきたら「無事に帰ってきてくれてありがとう」。食事を全部終えたら、自然の恵みに「ありがとう」。不思議なもので、感謝の対象は無限にあるのです。

悩み 51

付き合っている彼に病気が見つかり、子どもは難しいかもしれない、
と言われました。彼のことは愛していますが、
子どもが欲しいのも本音です

27歳 女性

心が縛られていると
身動きが取れないの
ちょっとだけ縛っているものを
緩めるだけで
心は自由に動くよ

慈愛のことば　解説

ショッキングな出来事に、心が縛られていませんか？　まずは、あなたの心をゆっくりときほぐしてください。**心が固く縛られていると、落ち着いた判断も、前向きな気持ちもできません。**

彼への愛と子ども。このふたつを両立できない、と思っていますね。本当にできないのでしょうか。現代は医療も進んでいますから、ふたりで調べてみてはどうですか。また、養子という手段もありますね。また、「ふたりで」という生き方ではなく、別れる選択肢もあるのかもしれません。

病気という悲しい事態に、心が固く小さくなっています。そんなときに考えたことだけで行動すると、あとで後悔することにもなりかねません。心を緩めて、あらゆる可能性をフラットに並べ、冷静になって今後のあなたの人生を考えてみましょう。

悩み 52

夫がうつと診断されました。うつは治らない、と聞きます。
わたしはどうしたらいいですか

46歳 女性

あのとき
ああだったら
こうだったら
悔やむより
これからのことを
考えようよ

慈愛のことば 解説

うつという診断を聞いて「そういえば、あのとき…」などと、過去を振り返っていませんか。「もっと早く、病院に連れて行っていれば」「あんなことをわたしが言ったから」など、悲しいことがあると過去を振り返ってしまうものです。

でも、時間は巻き戻せません。**今、そしてこれからを考えましょう。**それも、できるだけ明るく、前向きに。そして、あなたがご主人のうつに飲まれてしまわないように、客観的な視点を忘れずに。

お医者さまの診断だけが全てではありません。お医者さまは病気についてアドバイスをくれますが、生活全般については教えてくれません。そこはあなたの出番です。どうすれば、ご主人に負担が少ないのか。あなた自身に無理がないか。楽に、適当に考えてください。うつ病と診断されても社会復帰した人を、わたしは何人も知っていますよ。だから大丈夫！

悩み 53

子どもを事故で亡くしました。立ち直ることができずに、
日々だけが過ぎていきます

34歳 女性

泣きたいときには
涙が枯れるまで
泣いたらいいよ
そこから明日が
ひらけてくるから

慈愛のことば 解説

残酷なようですが、癒えない悲しみはあるものです。子どもに先立たれることほど、辛く悲しいことはありません。お悔やみを申し上げるしかできません。

生きていると、ずっと抱えていくしかない悲しみや苦しみがあるのですね。そんなときは、無理に明るく考えることも、乗り越えようとがんばることもやめておきましょう。もちろん、できるならそれに越したことはありませんが、できないほど辛いときは、その悲しみと一緒にいましょう。そして、泣けるなら泣きましょう。泣き続けましょう。ちょっと前向きになれる日は、何か別のことに目を向けて。すぐに逆戻りしてもいいのです。**心にフタをせず、思いっきり泣いてください。**時間とは本当にやさしいもので、ある日、上が向けるようになりますよ。いつか、きっと、ね。

悩み 54

手を洗っても洗っても手が汚れている気がします。新型コロナウイルスに感染して苦しむ夢も見るのです。どうすればいいですか

36歳 女性

嫌なことは
心の中から
追い出したい
追い出したいと
追いかけて
余計に嫌が重くなるの

慈愛のことば 解説

嫌なこと、怖いことから逃げ出したいと、そのことばかり考えていると、その行為自体が自分自身を苦しめます。実際の問題よりも、そんな自分の行動・感情のほうに参ってしまう人すらいるものです。ほかに目を向けたり、妥協ができれば良いのでしょうが、「そう言われても」と固まってしまっている人をよく見かけます。

でも、「逃れたい」という思いにばかりとらわれていると、前に進むことができません。人生には折り合いが必要ですし、「ほどほど」を知ると生きやすくなるのです。新型コロナウイルスは、わたしたち人間が今直面している問題ではありますが、ほかにも問題はありますよ。新型コロナウイルスにも、それ以外の問題にも、ほどほどに対処していきましょう。

気になる事態にであったら「ほどほどに」と、自分に言い聞かせるといいですね。

悩み 55

健康診断で精密検査を受けるように言われました。
怖くて病院に行けません

46歳 女性

物事は
明るく想えば　明るく動き
暗く想えば　暗くなる
だからいつでも　明るく明るく

慈愛のことば 解説

検査を受けましょうね、と勧められているのですね。結果はまだわかりません。その道の人のアドバイスですから、従ってみてはいかがでしょう。結果は悪いとは限りません。例えば病気が見つかったとしても「早くわかってよかった！」となるかもしれません。ものは考えよう。いいように考えましょう。

ことばは「言霊」だと言います。**明るい言葉は、あなたを明るいほうへ導きます。**言葉にするのが難しければ、思うだけでもいいのです。まだ、何も起こっていないのですから、明るく、明るく考えましょう。

悩み 56

この先、生きていても楽しいことなんかない。死にたい

死に急ぐことないよ
何にもしなくても
どうせいつかは
死ぬんだから
それまで　やりたいこと
いっぱいやろうよ

15歳 女性

慈愛のことば 解説

寂しいですね。15歳という若さで、そのように考えてしまうのですから、よくよくのことがあったのだと思います。どうか、ゆっくり、まずは自分を癒やしましょう。

その上で、アドバイスをしますね。人間は必ず死にます。嫌でも死にます し、その時期もきっかけも選べません。人生は、そんな不安定な舞台の上で成り立っているのです。人生は何かを積み上げていくようなイメージですか？そんなに深く考えなくてもいいですよ。**楽しそうだなと思うこと、見てみたいなと思うものなど、何でもいいので軽い気持ちでやってみましょう。**そういった「軽い気持ち」でやったことが積み重なって、知らず知らずのうちにどこかへ導かれているものです。

どうか、人生をあきらめないで。軽やかに歩きましょうよ。知らないこと、みたことのないもの、感じたことのない感情…。まだまだたくさんありますよ。

悩み 57

体が思うように動かせなくなりました。
周囲に迷惑をかけてばかりで苦しいのです

65歳 男性

和顔

愛語

やさしいほほえみは
あなたを美しく見せ
慈愛の言葉は
相手に安らぎを与えるよ

慈愛のことば 解説

周囲の助けを借りることは恥ずかしいことではありません。わたし自身も、いろいろなことを人に手伝ってもらっていますよ。

申し訳ない気持ちになるのは、してもらってばかりで、自分が何もできない、という思いからだと思います。でもね、微笑むだけで、相手はほっとしますし、やさしい言葉をかけるだけで相手はうれしくなるのです。何かしてもらったときに「ありがとう、助かるよ」というあなたの一言がどんなに相手のためになっているか。何かを助けてもらったときににっこりと笑顔を見せるだけで、相手はどんなにうれしいか。あなたが何の役にも立っていない、なんてことはないのです。

和顔、つまり和やかな表情と、愛語、すなわち慈愛に満ちた言葉。体が思うように動かなくても、言葉が上手に出なくても、これさえあれば大丈夫です。逆に、あなたが辛そうにしていたら、みんな悲しくなってしまいます。

悩み 58

妻に先立たれました。この先、孤独死しかないと思うと、
毎日ひとりでいるのが怖くて仕方ありません

76歳 男性

自分にしか
できないことがある
今しかできないことがある
そんなことをさがしてみよう
きっと生きがいが見つかるよ

慈愛のことば 解説

そんなことを言っていては、奥さまが心配して成仏できません。奥さまに心配をかけないようがんばりましょう。日常生活のいろいろな事は奥さまが主導でしたか？ であれば、まずは日常生活、つまり家事をマスターしてみましょうか。それに余裕が出てきたら、家庭菜園はどうでしょう。花を育てるのもいいですね。何かの世話をすることは、張り合いになります。

奥さまとの暮らしが終わって、今、あなたは人生に何度かあるスタートラインに立っています。**終わりを待つのではなく歩きましょう。**人生はいつでも、いくつになっても、新しい学びと発見があるものです。それに気づけるかどうかは、あなたが目と心をオープンにしているかどうか。

あなたが、新しい何かを見つけて生き生きと暮らしていることを、奥さまは望んでいるはずです。次に出会ったときに、笑顔で会えますように。

悩み 59

死ぬのが怖いです

57歳 男性

生

世の中には不思議なことが
いっぱいあるけれど　自分がいまここに
生きていることくらい不思議なことはない
そう考えると　まわりのことすべてに
かんしゃ　かんしゃ

慈愛のことば 解説

死ぬのが怖いですか？　あなたは今、生きていますし、死んだ人にどうだったかも聞くことはできませんから、本当のことはわかりません。わからないから怖い、ということだと思います。

わからないことは理解すればいいのでしょうが、「死」に関してはそうはいきそうにありません。であれば、考えずに今を楽しみましょう。世の中は不思議に満ちていますし、そう考えれば、わたしたちが今ここにいることにも特段の理由はありません。偶然とも言えますし、最大の不思議とも言えそうです。そんな不思議をおもしろがって暮らしましょう。楽しいことは必ずあります。楽しいことに出会ったら、どんな小さなことでも感謝。感謝がまた、楽しいことを連れてきてくれるのです。

大切なのは、あなたの「生」が生き生きと輝くこと。死がやってくるその日まで。

おわりに

このたび、いろは出版株式会社様より、『観音さまの愛ことば』を出版していただきましたこと、心より感謝申し上げます。

観音さまが、御降臨され38年になります。この間、多くの方々との出会いや別れがありました。ひとりでも多くの方々が、観音さまとのご縁により、安心を得て心穏やかな日々を過ごせますことを祈り続けてまいりました。世の中が安寧であれば良いのですが、最近はさまざまな異変が起きています。

本年は新型コロナウイルスの感染拡大により、世界中の人々の中に不安が広がり、暮らしが大きく変化しました。人間同士がお互いに思いやりを持ち、やさしいことばのひとことでもかけ合えば、住みにくい世の中も少しは楽しいものになるでしょう。こんなときだからこそ、心の不安を解消できるようにしたいものです。また、近年地球環境の変化により、大雨洪水、台風、またたびたび起こる地震など、自然災害が頻発、常に心配の種は尽きません。たった一日で自分が築きあげたもの、大切な人の生命が失われてしまうこともあります。

「如」とは、ありのままを意味します。思いがけないことが現れると、それを否定し排除しようとして、苦が増すのです。まずはそれをありのまま受け入れてみましょう。

どうしようもない、と心を固めてしまうと、苦はますます辛くなってきます。まずは受け入れ、そこからどうしたら抜け出せるかを冷静に考えてみましょう。必ず、方法が見つかるものです。愚痴を言ったり、他人に転嫁しても心は休まりません。すべては自分の因縁から生じたものであり、誰のせいでもありません。そう受け止め努力すれば、必ず誰か助けてくれる人が現れてくるものです。

この『観音さまの愛ことば』が、少しでも多くの方々の心の安心、生きる勇気にお役立てできれば幸いに存じます。生きていて一番大切なものは「いのち」です。それを守るため日々の心がけが大切になってきます。

歴史に「もしも」がないように、人生にも「もしも」はないのです。後悔のない一生であるため、一日一日を大切にしていきましょう。

合掌

二〇二〇年　十一月

白石慈恵

白石慈恵（しらいし・じけい）

1941年生まれ。幼い頃から信仰心が厚く、数々の奇瑞を体験する。1982年読経中にロウソクから観音さまのお姿が示現する。以後、数々の奇跡が起こり人々の救済に当たる。1987年、真言宗宗祖弘法大師御室派総本山仁和寺四十三世門跡、立部瑞祐大僧正猊下の徒弟となり、得度、出家する。1988年、アフリカ・ザンビアの子供病院訪問をきっかけに世界の飢餓や環境問題に取り組む。1993年、京都嵯峨に真言宗御室派寺院「観音院」を設立する。1999年、『慈言集』を出版し、静岡、東京で個展を開催。2000年、JR京都駅で個展を開催する一方、各地で観音さまの慈しみと安らぎのことばについて講演会を開く。2007年ミャンマー、マンダレーに寺子屋小中学校の設立を支援する。2016年新本堂を建立し、ことのはぎゃらりい（観音さまの慈言）を設置している。現在、准胝観音菩薩さまのお導きにより、人々の救済のため全身全霊を捧げている。

観音さまの愛ことば

2020年12月10日　第1刷発行

著者　白石慈恵
発行者　木村行伸
発行所　いろは出版
〒606-0032
京都市左京区岩倉南平岡町74番地
TEL 075-712-1680
FAX 075-712-1681

執筆協力　清塚あきこ
編集　安永敏史（いろは出版）
装丁・デザイン　宗幸（UMMM）
イラスト　涌田千尋（UMMM）
写真　森善之
印刷・製本　中央精版印刷

ISBN 978-4-86607-181-7

URL http://hello-iroha.com
MAIL letters@hello-iroha.com